청현재이
캘리그라피 말씀북

예수의 부활

도서출판 섬김과나눔

캘리그라피로 접하는
예수님의 생애를 통해
하나님께서
당신을 얼마나 사랑하시는지...

더 깊은 은혜로
잘 전달되기를
소망합니다

사랑하는 하나님의 자녀

_____ 에게

순서.

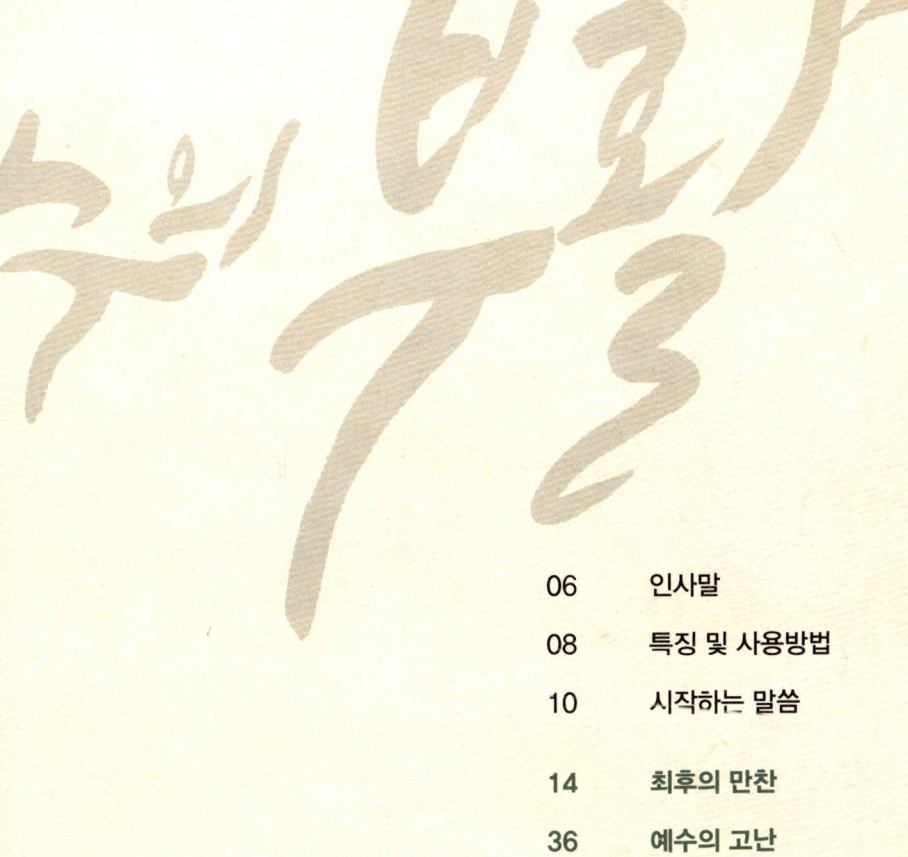

06	인사말
08	특징 및 사용방법
10	시작하는 말씀
14	최후의 만찬
36	예수의 고난
70	예수의 죽으심
92	예수의 부활
128	지상명령

인사말

청현재이 임동규

캘리그라피란 용어가 있기 전인 1997년부터 광고 디자인계에서 붓을 쥐고,
광고 카피를 감성적인 글씨로 쓰기 시작했던 나는.. 광고 카피가 아닌 하나님의 말씀을
붓으로 쓰기 시작하면서 삶은 완전 180도로 바뀌어 갔다.

그만큼 말씀은 나에게 삶의 중심이었다.

처음 말씀을 붓으로 쓰게 되었을 때, 말로 형용하지 못할 하나님의 사랑과 은혜를
깊게 느꼈던 그 순간의 감동을 잊을 수가 없다.

그 감동을 뭐라 표현할 수는 없지만, 살아있고 활력이 있는 하나님의 말씀이 감성적인 글씨
캘리그라피를 통해 살아나, 하나님의 음성으로 들리기 시작했다고 말할 수 있을 것 같다.

현재, 본 작가는 말씀캘리그라피를 개인적인 신앙생활에 매우 도움이 되는 영적 도구로
사용하면서 이러한 경험을 많은 기독교인들에게 때마다 일마다 알리는 사역에 몰두하고 있다.

그토록 수 년동안 기독교 캘리그라피 환경을 조성하는 사역을 통해 알려온 덕분인지
많은 기독교인들이 말씀캘리그라피를 경험하게 되었고, 말씀을 붓으로 쓸 때 깊은
하나님의 사랑을 경험할 수 있었다는 긍정적인 반응들을 전해 듣곤 한다.

그래서 최근에는 캘리그라피로 작업된(감성적인 글씨로 쓰인) 말씀을 본다는 것과
직접 붓으로 감정을 실어 말씀을 쓰는 행위가 하나님의 말씀을 매우 감성적으로
접하는 방법으로 인식하고 있는 기독교인들이 늘어나고 있는 것 같다.

곧, 컴퓨터 폰트로 쓰인 하나님의 말씀을 읽는 것도 매우 중요하지만,
감성적 글씨체인 캘리그라피로 표현된 말씀을 읽거나 붓으로 말씀을 쓸 때,
하나님의 말씀이 더욱 살아있고 활력이 있는 말씀으로 다가와 현대를 살아가는
그리스도인들에게 더욱 강력한 영적인 힘을 주고 있다는 것이다.

말씀캘리그라피는 기독교인들에게 성경말씀을 가까이할 수 있는 매우 바람직한
상황을 만들어 가고 있다.

최근에는 캘리그라피 환경이 급속도로 성장하고 있는 가운데 기독교인들이 신앙생활하면서
성경을 묵상하는데 도움이 될 수 있는 캘리그라피 말씀 묵상집을 만들면 좋겠다고
제안하는 분들이 부쩍 늘어나고 있는데.. '청현재이'란 이름으로 기독교 캘리그라피를 대표한다는
책임감이 있던 차라, 누군가는 그 작업을 반드시 해야 한다면, 하나님께서 그 역할을 나에게
맡기신 것 아닌가라는 생각을 하게 되었다.

그래서 '예수의 생애'를 캘리그라피 시리즈로 만들게 되면, 하나님의 말씀을 꾸준히 써왔던
경험을 바탕으로 말씀 캘리그라피의 감동과 은혜를 정리하여 발표하는 계기가 될 것 같았고,
몇 년 동안 '부활절 말씀깃발전'을 통해 예수님의 부활을 스토리텔링으로 누구나
이해할 수 있도록 4대 복음서를 중심으로 작업을 해왔던 터라 '예수의 부활편'을
자연스럽게 '예수의 생애' 시리즈중의 첫 번째 캘리그라피 말씀북으로 준비하게 되었다.

말씀만을 쓰겠다고 고집스럽게 살아가는 나에게 본 작업의 의미는
매우 각별한 감사함으로 다가왔다.

우리 모두의 삶 가운데 기쁨으로 오셔서 우리의 죄를 대신하여 고난을 당하시고
죽으심으로 우리를 살리신 예수님의 마지막 생애를 캘리그라피로 표현한
본 '캘리그라피 말씀북 [예수의 부활편]'은 예수그리스도의 마지막 길을 최후의 만찬에서부터
예수그리스도의 고난과 부활 그리고 지상명령의 흐름으로 구분하여..

4대 복음서를 중심으로 성경말씀 안에서 감성적인 캘리그라피로 표현하기에 적합한 55절의
말씀을 선택하여 우리의 죄를 대신하여 고난의 길과 사망권세를 이기시고 부활하신 예수님의
생애를 이해하고 깊게 묵상하는데 도움이 될 수 있도록 제작되었다.

본 작가는 '캘리그라피 말씀북'을 통하여 모든 그리스도인들이 예수의 부활의 의미를 이해함과
동시에 하나님께서 주신 그 은혜를 깊게 누리기를 바라는 마음으로 말씀 55절을 읽고 쓰고
읽고 쓰기를 수 차례 반복하며 완성하게 되었는데..

본 '캘리그라피 말씀북'은 매 구절에 맞는 각기 다른 감성적 글씨로 표현되어서 예수 그리스도가
우리를 대신하셨던 고난의 여정과 우리를 살리시기 위한 예수의 죽으심과 부활의 참뜻을 어떠한
해석이 없는 순수한 말씀 그대로 묵상하게 될 것이며, 그 순간 우리의 마음은 어느새 깊은
하나님의 은혜로 가득하게 될 것이라 믿는다.

2017년 12월 마지막 날,
캘리그라피로 접하는 예수님의 생애를 통해 하나님께서 우리를 얼마나 사랑하시는지
더 깊은 은혜가 기독교인들에게 잘 전달되기를 소망하며, 청현재이 갤러리에서…

예수의 부활을 성경말씀 55절로
구성하여 스토리텔링으로 묵상

'캘리그라피 말씀북 – 예수의 부활편'은 예수님의 생애 중 가장 중요한 사건이라고
할 수 있는 예수님의 부활을 갈라디아서, 마태복음, 누가복음, 마가복음, 이사야 등에서
추려낸 성경말씀 55절을 최후의 만찬 – 고난 – 죽으심 – 부활 – 지상명령의 흐름으로
구성하여 스토리텔링이 가능하도록 하였으며, 예수 부활의 의미를 감성적인 글씨,
캘리그라피로 표현하여 기독교인들의 깊은 묵상에 도움이 될 수 있도록 제작되었다.

청현재이 작가의
감성적인 말씀캘리그라피

본 '캘리그라피 말씀북'은 기독교를 대표하는 캘리그라피 작가인 '청현재이'가 직접 말씀의
내용을 읽고, 묵상하여 깊은 감성을 실어 캘리그라피로 표현된 작품집으로, 기독교인이면
누구나 캘리그라피로 표현된 55절의 말씀을 순서대로 읽으며 묵상하게 되면.. 우리들의
죄를 대신하여 고난을 겪으시고 십자가에 달려 죽으신 예수님의 깊으신 사랑을 가슴으로
느끼게 되고, 그토록 귀하신 독생자 예수 그리스도의 죽음과 부활을 이끄신 하나님의
깊은 뜻을 깨닫게 되는 은혜의 시간이 될 것이다.

본 '캘리그라피 말씀북'은 캘리그라피로 표현하기 적합한 말씀 내용을 선별하여 구성하였고,
갈라디아서, 마태복음, 누가복음, 마가복음, 이사야에서 발췌된 말씀들이 자연스러운
스토리로 이어갈 수 있도록 적절한 순서로 배치하여 기록되어 있으며,
읽는 누구나 성경의 흐름을 잘 이해할 수 있도록 중요 내용은 캘리그라피로 표현하였고,
말씀의 이해를 돕기 위해 이어지는 내용은 그대로 텍스트로 수록하였다.

필기할 수 있는 공간과
따라 쓸 수 있는 공간이 함께 구성

성경 매 절마다 읽으면서 묵상의 느낌을 기록할 수 있도록 필기할 수 있는 공간과 캘리그라피를 그대로 따라 쓸 수 있는 공간이 별도로 구성되어 캘리그라피를 통해 예수의 부활을 감성적으로 깊게 묵상할 수 있도록 제작되었다.

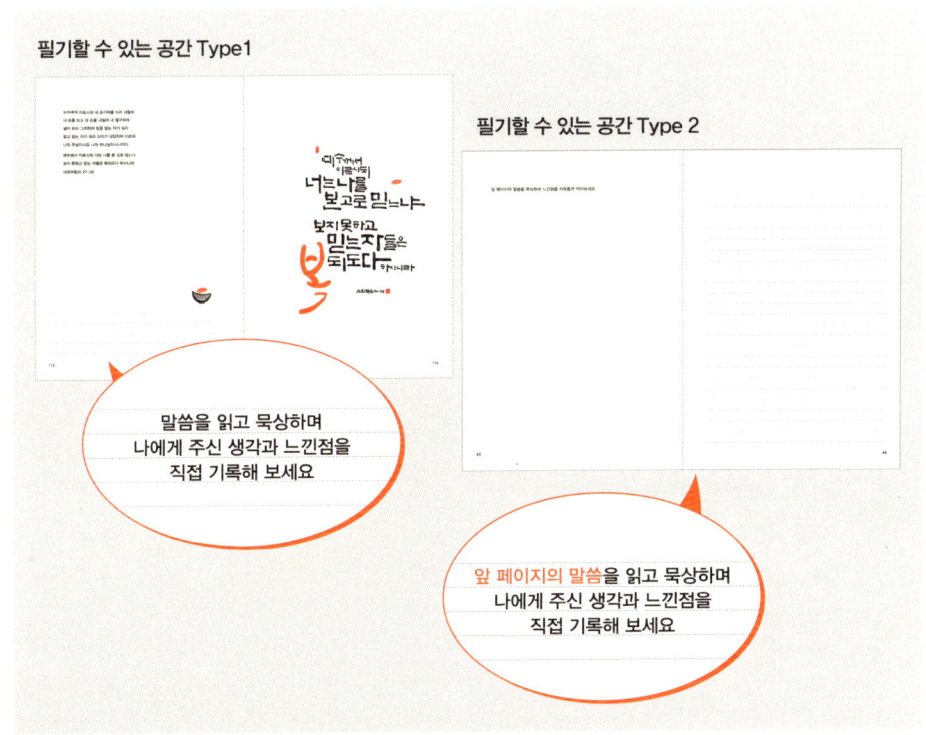

사랑하는 말씀

내가 그리스도와 함께 십자가에 못 박혔나니
그런즉 이제는 내가 사는 것이 아니요
오직 내 안에 그리스도께서 사시는 것이라
이제 내가 육체 가운데 사는 것은
나를 사랑하사 나를 위하여 자기 자신을 버리신
하나님의 아들을 믿는 믿음 안에서 사는 것이라

(갈라디아서 2:20)

내가 그리스도와 함께
십자가에 못박혔나니
그런즉
이제는 내가 사는 것이 아니요
오직 내 안에 그리스도께서 사시는 것이라
이제 내가 육체 가운데 사는 것은

나를 사랑하사

나를 위하여 자기 자신을 버리신
하나님의 아들을 믿는 믿음 안에서
사는 것이라
갈라디아서 2:20

최후의 만찬

마태복음 26장

무교절의 첫날에 제자들이 예수께 나아와서 이르되
유월절 음식 잡수실 것을 우리가 어디서 준비하기를 원하시나이까
이르시되 성안 아무에게 가서 이르되 선생님 말씀이 내 때가 가까이 왔으니
내 제자들과 함께 유월절을 네 집에서 지키겠다 하시더라 하라 하시니

제자들이 예수께서 시키신 대로 하여 유월절을 준비하였더라
저물 때에 예수께서 열두 제자와 함께 앉으셨더니

(마태복음 26:17-20)

제자들이 예수께서
시키신대로 하여
유월절을
준비하였더라
저물 때에
예수께서
열두제자와 함께
앉으셨더니

마태복음 26:19-20

그들이 먹을 때에, 이르시되
내가 진실로 너희에게 이르노니
너희 중의 한 사람이 나를 팔리라
하시니

마태복음 26·21

그들이 먹을 때에 이르시되 내가 진실로 너희에게 이르노니 너희 중의 한 사람이 나를 팔리라 하시니

그들이 몹시 근심하여 각각 여짜오되 주여 나는 아니지요 대답하여 이르시되 나와 함께 그릇에 손을 넣는 그가 나를 팔리라

인자는 자기에 대하여 기록된 대로 가거니와 인자를 파는 그 사람에게는 화가 있으리로다 그 사람은 차라리 태어나지 아니하였더라면 제게 좋을 뻔하였느니라

예수를 파는 유다가 대답하여 이르되 랍비여 나는 아니지요 대답하시되 네가 말하였도다 하시니라

(마태복음26:21-25)

그들이 먹을 때에
예수께서 떡을 가지사
축복하시고
떼어 제자들에게
주시며 이르시되

받아서 먹으라
이것은
내 몸이니라
하시고

마태복음 26:26

그들이 먹을 때에 예수께서 떡을 가지사
축복하시고 떼어 제자들에게 주시며 이르시되
받아서 먹으라 이것은 내 몸이니라 하시고

(마태복음26:26)

또 잔을 가지사 감사 기도 하시고 그들에게 주시며
이르시되 너희가 다 이것을 마시라

(마태복음26:27)

이것은 죄 사함을 얻게 하려고 많은 사람을 위하여
흘리는 바 나의 피 곧 언약의 피니라

그러나 너희에게 이르노니 내가 포도나무에서
난 것을 이제부터 내 아버지의 나라에서 새것으로
너희와 함께 마시는 날까지 마시지 아니하리라
하시니라

(마태복음26:28-29)

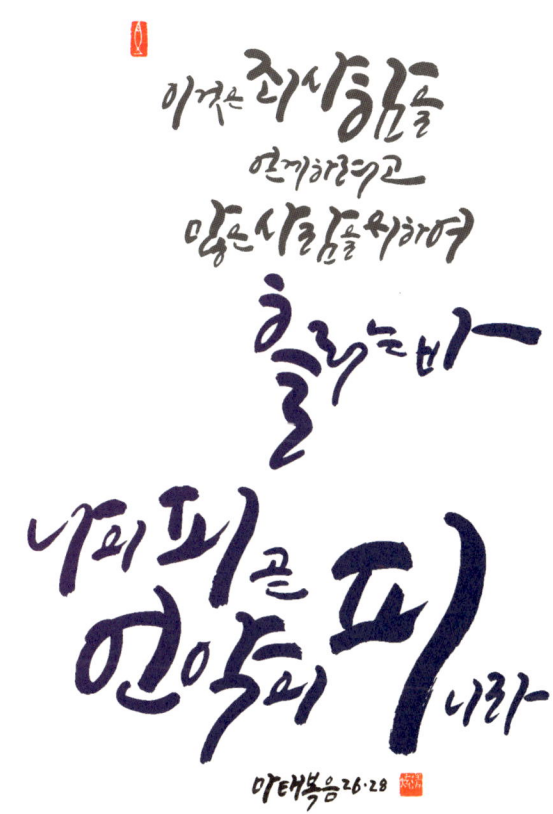

앞 페이지의 말씀을 묵상하며 느낀점을 자유롭게 적어보세요.

그때에 예수께서
저자들에게 이르시되
오늘밤에
너희가 다
나를 버리리라

기록된 바
내가
목자를 치리니
양의 떼가 흩어지리라
하였느니라

마태복음 26·31

그 때에 예수께서 제자들에게 이르시되 오늘 밤에
너희가 다 나를 버리리라 기록된 바 내가 목자를
치리니 양의 떼가 흩어지리라 하였느니라

(마태복음26:31)

그러나
내가
살아난 후에
너희보다
먼저
갈릴리로
가리라

마태복음 26:32

그러나 내가 살아난 후에
너희보다 먼저 갈릴리로
가리라

베드로가 대답하여 이르되
모두 주를 버릴지라도
나는 결코 버리지 않겠나이다
예수께서 이르시되
내가 진실로 네게 이르노니
오늘 밤 닭 울기 전에 네가
세 번 나를 부인하리라
베드로가 이르되 내가 주와
함께 죽을지언정 주를
부인하지 않겠나이다 하고
모든 제자도 그와 같이
말하니라

(마태복음26:32-35)

이에 예수께서 제자들과 함께 겟세마네라 하는 곳에 이르러 제자들에게 이르시되
내가 저기 가서 기도할 동안에 너희는 여기 앉아 있으라 하시고
베드로와 세베대의 두 아들을 데리고 가실새 고민하고 슬퍼하사

이에 말씀하시되 내 마음이 매우 고민하여 죽게 되었으니
너희는 여기 머물러 나와 함께 깨어 있으라 하시고

(마태복음26:36-38)

이에 말씀하시되
내 마음이 매우
고민하여
죽게 되었으니

너희는
여기 머물러
나와 함께

깨어 있으라
하시고

마태복음 26:38

조금 나아가사
얼굴을 땅에 대시고
엎드려
기도하여 이르시되
내 아버지여
만일 할만하시거든
이 잔을 내게서
지나가게 하옵소서
그러나

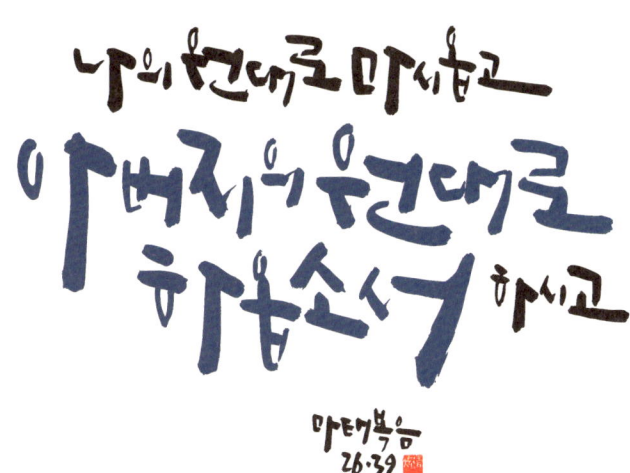

조금 나아가사 얼굴을 땅에 대시고 엎드려 기도하여 이르시되
내 아버지여 만일 할 만하시거든 이 잔을 내게서 지나가게
하옵소서 그러나 나의 원대로 마시옵고 아버지의 원대로
하옵소서 하시고
제자들에게 오사 그 자는 것을 보시고 베드로에게 말씀하시되
너희가 나와 함께 한 시간도 이렇게 깨어 있을 수 없더냐
시험에 들지 않게 깨어 기도하라 마음에는 원이로되 육신이
약하도다 하시고

(마태복음26:39-41)

앞 페이지의 말씀을 묵상하며 느낀점을 자유롭게 적어보세요.

리수ㅇ

고난

이사야 53장
마태복음 26장, 27장
누가복음 23장
요한복음 19장

말씀하실 때에 열둘 중의 하나인 유다가 왔는데
대제사장들과 백성의 장로들에게서 파송된 큰 무리가
칼과 몽치를 가지고 그와 함께 하였더라
예수를 파는 자가 그들에게 군호를 짜 이르되
내가 입맞추는 자가 그이니 그를 잡으라 한지라
곧 예수께 나아와 랍비여 안녕하시옵니까 하고
입을 맞추니 예수께서 이르시되 친구여 네가 무엇을
하려고 왔는지 행하라 하신대 이에 그들이 나아와
예수께 손을 대어 잡는지라 예수와 함께 있던 자 중의
하나가 손을 펴 칼을 빼어 대제사장의 종을 쳐
그 귀를 떨어뜨리니 이에 예수께서 이르시되 네 칼을
도로 칼집에 꽂으라 칼을 가지는 자는 다 칼로
망하느니라 너는 내가 내 아버지께 구하여 지금 열두
군단 더 되는 천사를 보내시게 할 수 없는 줄로 아느냐
내가 만일 그렇게 하면 이런 일이 있으리라 한 성경이
어떻게 이루어지겠느냐 하시더라
그 때에 예수께서 무리에게 말씀하시되 너희가 강도를
잡는 것 같이 칼과 몽치를 가지고 나를 잡으러 나왔느냐
내가 날마다 성전에 앉아 가르쳤으되 너희가 나를 잡지
아니하였도다 그러나 이렇게 된 것은 다 선지자들의 글을
이루려 함이니라 하시더라 이에 제자들이 다 예수를
버리고 도망하니라
예수를 잡은 자들이 그를 끌고 대제사장 가야바에게로
가니 거기 서기관과 장로들이 모여 있더라

(마태복음26:47-57)

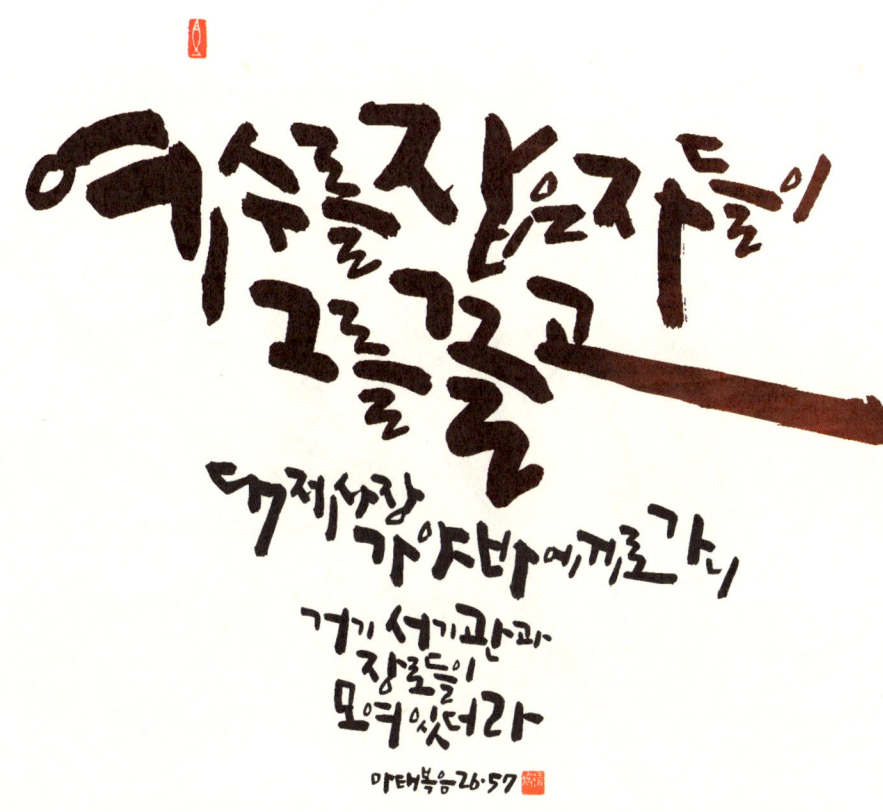

이에
빌라도가
예수를
데려다가
채찍질을
하더라

요한복음 19:1

이에 빌라도가 예수를
데려다가 채찍질하더라

(요한복음19:1)

군인들이 가시나무로
관을 엮어

그의
머리에 씌우고

자색옷을 입히고

> 앞에 가서 이르되
> 유대인의
> 왕이여
> 평안할지어다 하며
> 손으로
> 때리더라
>
> 요한복음 19:2-3

군인들이 가시나무로 관을 엮어 그의 머리에 씌우고 자색 옷을 입히고
앞에 가서 이르되 유대인의 왕이여 평안할지어다 하며 손으로 때리더라
(요한복음19:2-3)

앞 페이지의 말씀을 묵상하며 느낀점을 자유롭게 적어보세요.

그 모든 꿈 버리고
갈대를 베어야

그에게 침 뱉고
갈대를 빼앗아
그의 머리를 치더라
(마태복음27:30)

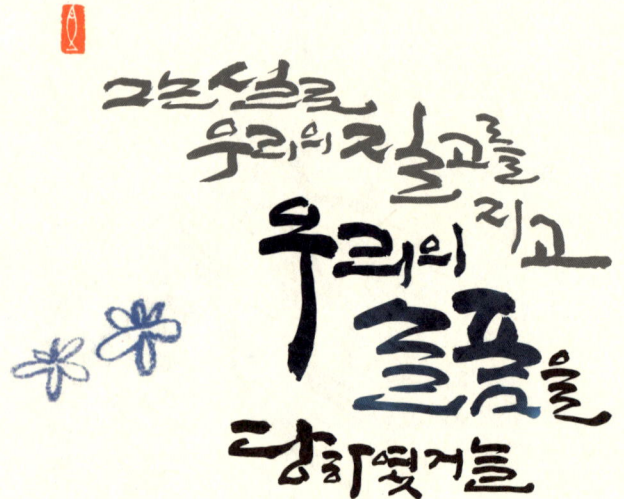

그는 실로 우리의 질고를 지고 우리의 슬픔을 당하였거늘

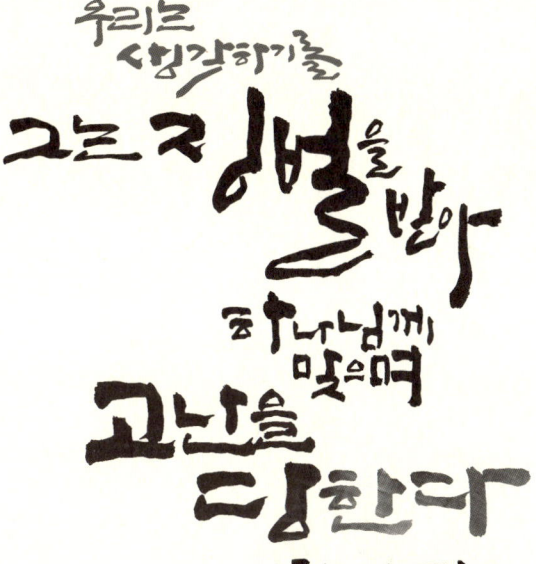

그는 실로 우리의 질고를 지고 우리의 슬픔을
당하였거늘 우리는 생각하기를 그는 징벌을 받아
하나님께 맞으며 고난을 당한다 하였노라

(이사야53:4)

그가 찔림은
우리의 허물때문이요
그가 상함은
우리의 죄악 때문이라

이사야 53:5

그가 찔림은 우리의 허물
때문이요 그가 상함은
우리의 죄악 때문이라

(이사야53:5)

그가 징계를
받으므로
우리는 평화를
누리고
그가 채찍에
맞으므로
우리는
나음을 받았도다

이사야 53:5

그가 징계를 받으므로
우리는 평화를 누리고
그가 채찍에 맞으므로
우리는 나음을 받았도다
(이사야53:5)

오라는 양들아서
그릇 항하여
각기 제 갈 로
가거늘

우리는 다 양 같아서 그릇
행하여 각기 제 길로 갔거늘
여호와께서는 우리 모두의
죄악을 그에게 담당시키셨도다
(이사야53:6)

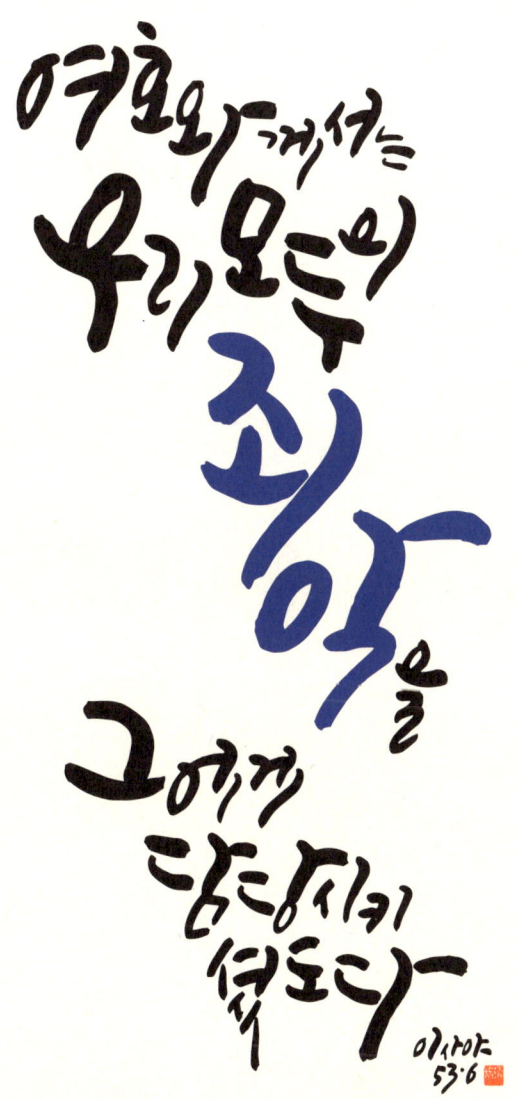

앞 페이지의 말씀을 묵상하며 느낀점을 자유롭게 적어보세요.

대제사장들과 아랫사람들이
예수를
보고
소리질러 이르되
십자가에
못박으소서

대제사장들과 아랫사람들이
예수를 보고 소리 질러 이르되
십자가에 못 박으소서
십자가에 못 박으소서
하는지라

빌라도가 이르되 너희가 친히
데려다가 십자가에 못 박으라
나는 그에게서 죄를 찾지
못하였노라
(요한복음19:6)

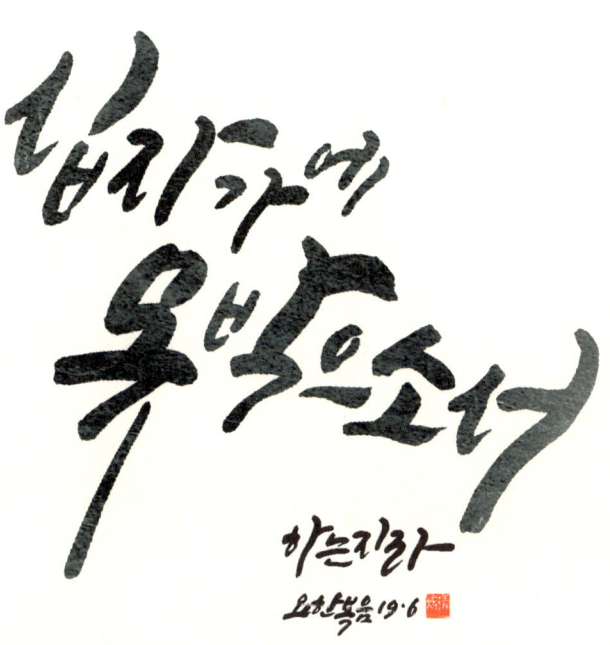

이에 예수를 십자가에 못 박도록
그들에게 넘겨 주니라

(요한복음 19:16)

이에 예수를 십자가에 못 박도록 그들에게 넘겨주니라

요한복음 19:16

그들이
예수를 맡으매
예수께서
자기의
십자가를
지시고
해골이라
하는곳에 나가시니

요한복음 19:17

그들이 예수를 맡으매 예수께서 자기의 십자가를 지시고
해골(히브리 말로 골고다)이라 하는 곳에 나가시니

(요한복음19:17)

그들이 거기서
예수를 십자가에
못박을새

다른 두사람도
그와함께 좌우편에
못박으니
예수는 가운데
있
더
라

요한복음 19·18

그들이 거기서 예수를 십자가에 못 박을새 다른 두 사람도
그와 함께 좌우편에 못 박으니 예수는 가운데 있더라
(요한복음19:18)

이에 예수께서 이르시되

아버지

저들을
사하여 주옵소서
자기들이
하는 것을
알지 못함이니이다
하시더라

누가복음 23:34

이에 예수께서 이르시되 아버지 저들을 사하여 주옵소서

자기들이 하는 것을 알지 못함이니이다 하시더라

그들이 그의 옷을 나눠 제비 뽑을새 백성은 서서 구경하는데 관리들은 비웃어 이르되

저가 남을 구원하였으니 만일 하나님이 택하신 자 그리스도이면 자신도 구원할지어다 하고

군인들도 희롱하면서 나아와 신 포도주를 주며 이르되 네가 만일 유대인의 왕이면

네가 너를 구원하라 하더라

(누가복음23:34-37)

그
머리위에
있는
유대인의
왕
예수라
쓴
죄패를
붙였더라

마태복음 27:37

그 머리 위에 이는

유대인의 왕 예수라

쓴 죄패를 붙였더라

(마태복음27:37)

마태복음 27장
누가복음 23장
요한복음 19장

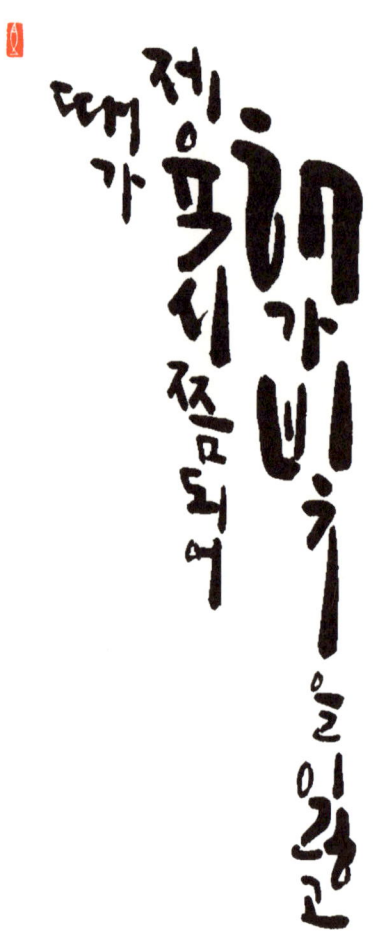

때가 제육시쯤 되어
해가 빛을 잃고
온 땅에 어둠이 임하여
제구시까지 계속하며
(누가복음23:44)

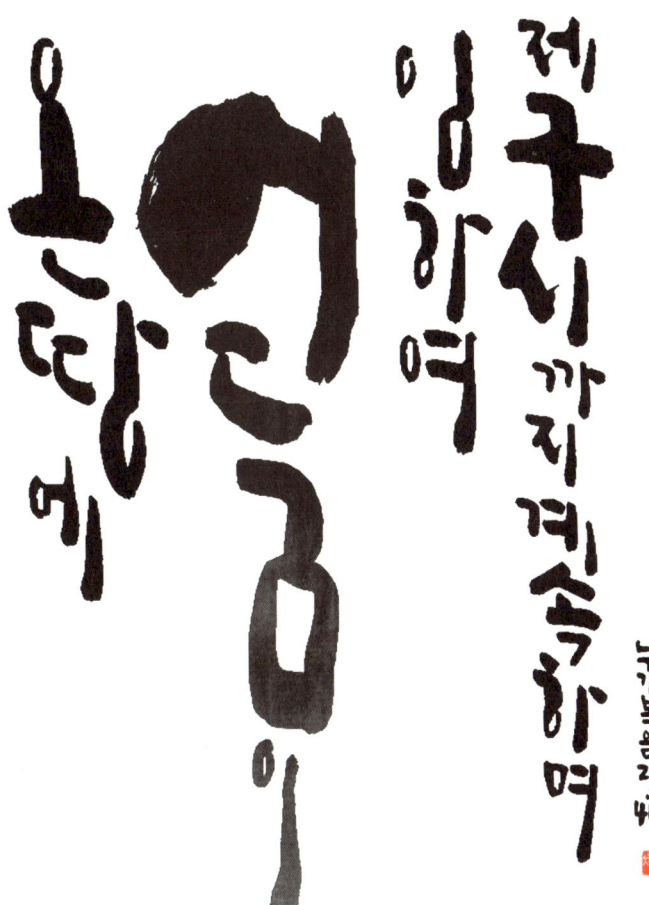

예수께서 말씀하시되 이르시되

할렐루야

제구시쯤에 예수께서 크게 소리 질러 이르시되
엘리 엘리 라마 사박다니 하시니
(마태복음 27:46)

이 곧
나의 하나님,
나의 하나님,
어찌하여
나를 버리셨나이까
하였더라

마태복음 27:46

이는 곧 나의 하나님, 나의 하나님,
어찌하여 나를 버리셨나이까 하는 뜻이라

(마태복음27:46)

예수께서 큰소리로
불러 이르시되

아버지
내 영혼을
아버지손에
부탁하나이다
하고

> 예수께서 큰 소리로 불러
> 이르시되 아버지 내 영혼을
> 아버지 손에 부탁하나이다
> 하고 이 말씀을 하신 후
> 숨지시니라
> (누가복음23:46)

이 말씀을 하신 후
숨지시니라

누가복음 23:46

그후에 예수께서
모든 일이 이미
이루어진줄 아시고
성경을
응하게 하려하사
이르시되

내가 목마르다
하시니

요한복음 19·28

그 후에 예수께서 모든 일이 이미 이루어진 줄 아시고 성경을 응하게 하려 하사 이르시되 내가 목마르다 하시니

(요한복음19:28)

예수께서 신포도주를 받으신 후에 이르시되 다 이루었다 하시고 거기 신 포도주가 가득히 담긴 그릇이 있는지라 사람들이 신 포도주를 적신 해면을 우슬초에 매어 예수의 입에 대니

예수께서 신 포도주를 받으신 후에 이르시되 다 이루었다 하시고 머리를 숙이니 영혼이 떠나가시니라

(요한복음19:29-30)

머리를 숙이니
영혼이
떠나가시니라

요한복음19:30

아리마대 사람 요셉은
　　예수의 제자이나
유대인이 두려워
　그것을 숨기더니

이 일 후에
　　빌라도에게
예수의 시체를
　　가져가기를 구하매

빌라도가 허락하는지라
이에 가서
예수의 시체를
　　가져가니라

요한복음 19:38

아리마대 사람 요셉은 예수의 제자이나
유대인이 두려워 그것을 숨기더니
이 일 후에 빌라도에게 예수의 시체를
가져가기를 구하매 빌라도가 허락하는지라
이에 가서 예수의 시체를 가져가니라

(요한복음19:38)

이에
예수의 시체를
가져다가

유대인의
장례법대로

그 향품과 함께

세마포로

싸더라

요한복음 19·40

이에 예수의 시체를 가져다가 유대인의
장례 법대로 그 향품과 함께 세마포로 쌌더라

예수께서 십자가에 못 박히신 곳에 동산이 있고
동산 안에 아직 사람을 장사한 일이 없는
새 무덤이 있는지라 이 날은 유대인의 준비일이요
또 무덤이 가까운 고로 예수를 거기 두니라

(요한복음19:40-42)

바위 속에 판 자기 새 무덤에 넣어두고 큰 돌을 굴려 무덤 문에 놓고가니

마태복음 27·60

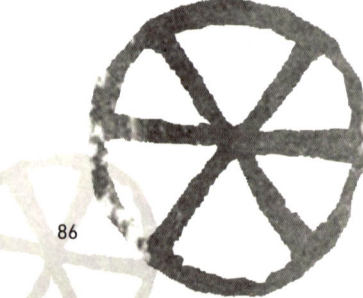

바위 속에 판 자기 새 무덤에 넣어 두고
큰 돌을 굴려 무덤 문에 놓고 가니

거기 막달라 마리아와 다른 마리아가
무덤을 향하여 앉았더라

(마태복음27:60-61)

그 이튿날은 준비일 다음 날이라 대제사장들과 바리새인들이 함께 빌라도에게 모여 이르되
주여 저 속이던 자가 살아 있을 때에 말하되 내가 사흘 후에 다시 살아나리라 한 것을 우리가 기억하노니
그러므로 명령하여 그 무덤을 사흘까지 굳게 지키게 하소서 그의 제자들이 와서 시체를 도둑질하여 가고
백성에게 말하되 그가 죽은 자 가운데서 살아났다 하면 후의 속임이 전보다 더 클까 하나이다 하니
빌라도가 이르되 너희에게 경비병이 있으니 가서 힘대로 굳게 지키라 하거늘

그들이 경비병과 함께 가서 돌을 인봉하고 무덤을 굳게 지키니라

(마태복음27:62-66)

그들이 경비병과 함께 가서 돌을 인봉하고 무덤을 굳게 지키니라

마태복음 27.66

베수원

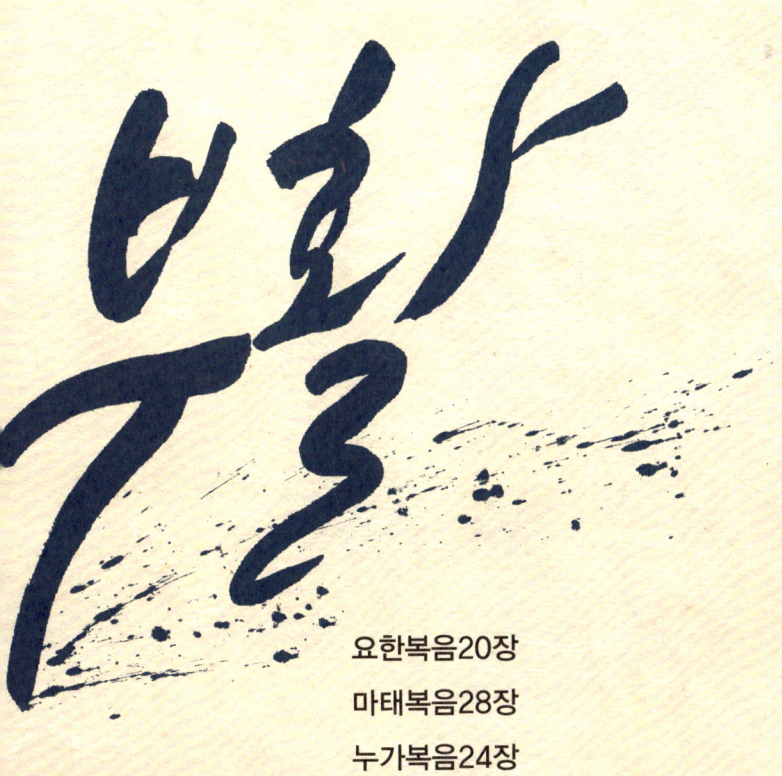

요한복음20장
마태복음28장
누가복음24장

안식후 첫날 일찌기
아직 어두울 때에
막달라 마리아가
무덤에 와서
돌이 무덤에서 옮겨진
것을 보고…

요한복음 20:1

안식 후 첫날 일찍이 아직 어두울 때에
막달라 마리아가 무덤에 와서
돌이 무덤에서 옮겨진 것을 보고
시몬 베드로와 예수께서 사랑하시던
그 다른 제자에게 달려가서 말하되
사람들이 주님을 무덤에서 가져다가
어디 두었는지 우리가 알지 못하겠다 하니
베드로와 그 다른 제자가 나가서 무덤으로 갈새
둘이 같이 달음질하더니 그 다른 제자가
베드로보다 더 빨리 달려가서 먼저 무덤에 이르러
구부려 세마포 놓인 것을 보았으나 들어가지는
아니하였더니 시몬 베드로는 따라와서 무덤에
들어가 보니 세마포가 놓였고 또 머리를
쌌던 수건은 세마포와 함께 놓이지 않고
딴 곳에 쌌던 대로 놓여 있더라
그 때에야 무덤에 먼저 갔던 그 다른
제자도 들어가 보고 믿더라
(그들은 성경에 그가 죽은 자 가운데서 다시
살아나야 하리라 하신 말씀을 아직 알지 못하더라)
이에 두 제자가 자기들의 집으로 돌아가니라
마리아는 무덤 밖에 서서 울고 있더니 울면서
구부려 무덤 안을 들여다보니 흰 옷 입은
두 천사가 예수의 시체 뉘었던 곳에
하나는 머리 편에, 하나는 발 편에 앉았더라

(요한복음20:1-12)

천사가 여자들에게
말하여 이르되
너희는 무서워하지 말라
십자가에 못박히신 예수를
너희가 찾는 줄을
내가 아노라

마태복음 28:5

천사가 여자들에게 말하여 이르되 너희는 무서워하지 말라
십자가에 못 박히신 예수를 너희가 찾는 줄을 내가 아노라

(마태복음 28:5)

그가 여기계시지 않고
그가 말씀하시던대로
살아나

그가 여기 계시지 않고 그가 말씀 하시던 대로
살아나셨느니라 와서 그가 누우셨던 곳을 보라
(마태복음28:6)

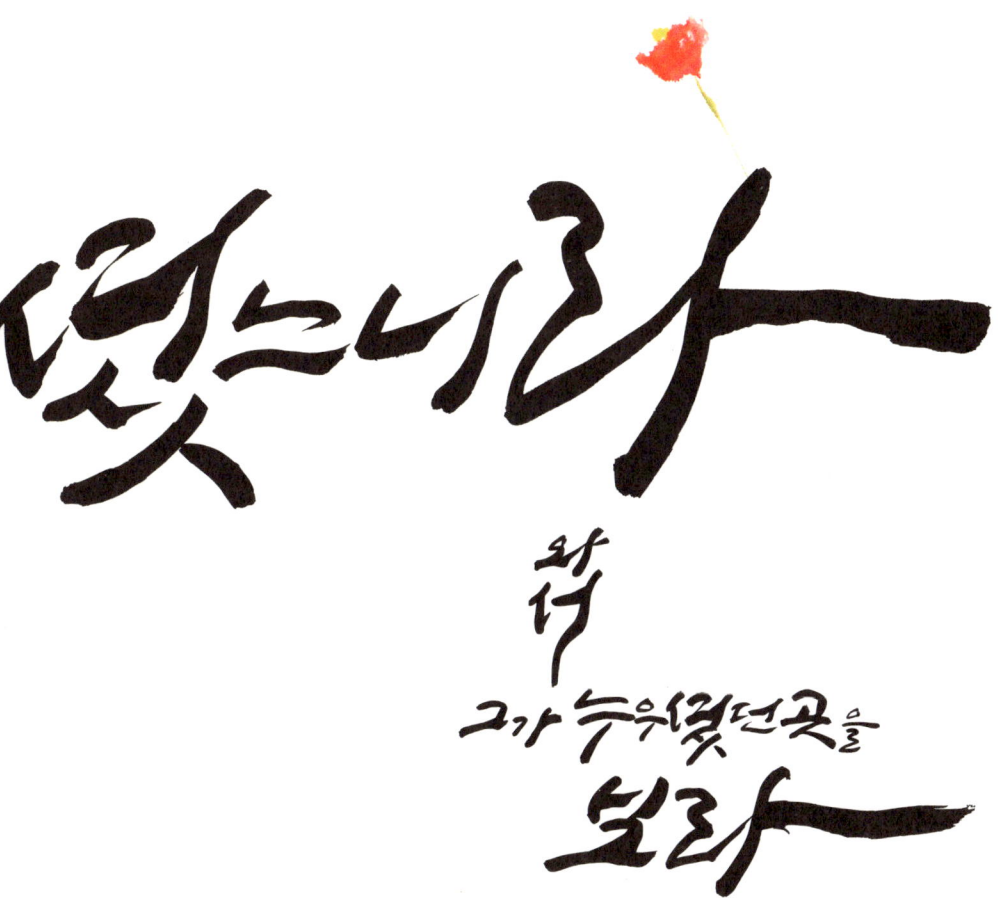

또
빨리 가서
그의 제자들에게 이르되
그가 죽은 자 가운데서
살아나셨고
너희보다 먼저
갈릴리로 가시나니
거기서
너희가 뵈오리라 하라
보라 내가 너희에게
일렀느니라 하거늘

마태복음 28:7

또 빨리 가서 그의 제자들에게 이르되 그가 죽은 자 가운데서 살아나셨고 너희보다 먼저 갈릴리로 가시나니 거기서 너희가 뵈오리라 하라 보라 내가 너희에게 일렀느니라 하거늘
(마태복음28:7)

이 말을 하고 뒤로 돌이켜
예수께서
서
계신 것을 보았으나
예수이신 줄은 알지 못하더라

요한복음 20:14

이 말을 하고 뒤로 돌이켜 예수께서 서 계신 것을 보았으나 예수이신 줄은 알지 못하더라

예수께서 이르시되 여자여 어찌하여 울며 누구를 찾느냐 하시니 마리아는 그가 동산지기인 줄 알고 이르되 주여 당신이 옮겼거든 어디 두었는지 내게 이르소서 그리하면 내가 가져가리이다

예수께서 마리아야 하시거늘 마리아가 돌이켜 히브리 말로 랍오니 하니(이는 선생님이라는 말이라)

(요한복음20:14-16)

어찌하여 이런터리
나를 부르지 말라

내가 아직
아버지께로
올라가지
아니하였노라
너는 내 형제들에게
가서 이르되

내가
내아버지
곧
너희 아버지
내 하나님
곧
너희 하나님께로
올라
간다
하라 하시니
요한복음 20:17

예수께서 이르시되 나를 붙들지 말라
내가 아직 아버지께로 올라가지
아니하였노라 너는 내 형제들에게 가서
이르되 내가 내 아버지 곧 너희 아버지,
내 하나님 곧 너희 하나님께로 올라간다
하라 하시니
막달라 마리아가 가서 제자들에게
내가 주를 보았다 하고 또 주께서 자기에게
이렇게 말씀하셨다 이르니라
(요한복음20:17-18)

앞 페이지의 말씀을 묵상하며 느낀점을 자유롭게 적어보세요.

이날곧 안식후 첫날 저녁때에
제자들이 유대인들을 두려워하여
모인곳의 문들을 닫았더니
예수께서 오사
가운데 서서 이르시되
너희에게
평강이 있을지어다

요한복음 20:19

이 날 곧 안식 후 첫날
저녁 때에 제자들이
유대인들을 두려워하여
모인 곳의 문들을
닫았더니 예수께서 오사
가운데 서서 이르시되
너희에게 평강이
있을지어다
(요한복음20:19)

이 말씀을 하시고
손과 옆구리를
보이시니
제자들이 주를 보고
기뻐하더라

요한복음20:20

이 말씀을 하시고 손과 옆구리를 보이시니 제자들이 주를 보고 기뻐하더라

예수께서 또 이르시되 너희에게 평강이 있을지어다 아버지께서 나를 보내신 것 같이 나도 너희를 보내노라 이 말씀을 하시고 그들을 향하사 숨을 내쉬며 이르시되 성령을 받으라 너희가 누구의 죄든지 사하면 사하여질 것이요 누구의 죄든지 그대로 두면 그대로 있으리라 하시니라

(요한복음20:20-23)

그들이 놀라고 무서워하여
그 보는 것을 영으로 생각하는지라
예수께서 이르시되 어찌하여
두려워하며 어찌하여 마음에
의심이 일어나느냐
(누가복음24:37-38)

예수께서 이르시되

어찌하여
두려워하며

어찌하여 마음에
의심이 일어나느냐

누가복음 24:38

도마에게 이르시되 네 손가락을 이리 내밀어
내 손을 보고 네 손을 내밀어 내 옆구리에
넣어 보라 그리하여 믿음 없는 자가 되지
말고 믿는 자가 되라 도마가 대답하여 이르되
나의 주님이시요 나의 하나님이시니이다

예수께서 이르시되 너는 나를 본 고로 믿느냐
보지 못하고 믿는 자들은 복되도다 하시니라

(요한복음20:27-29)

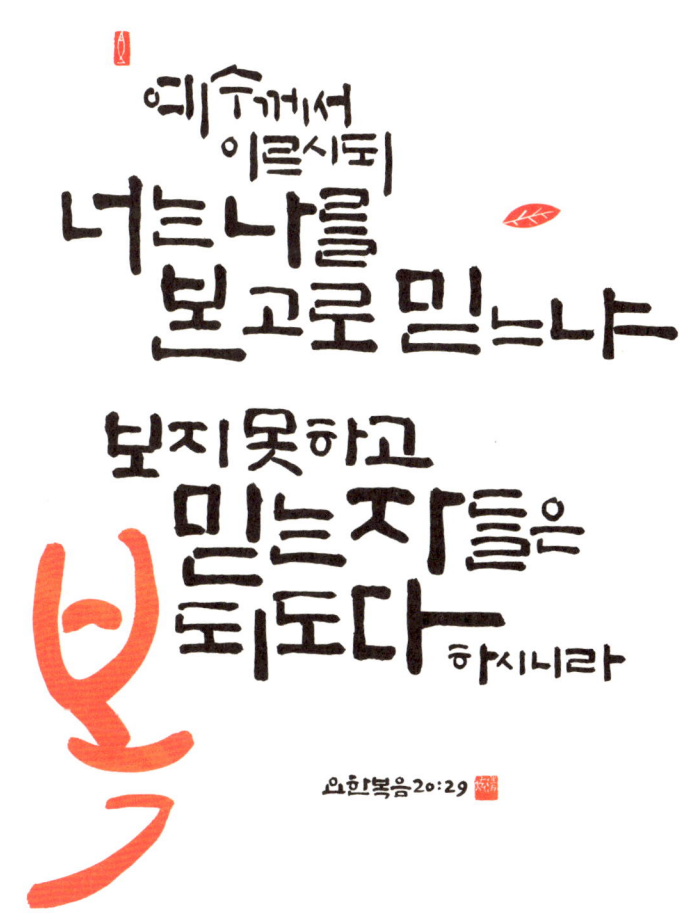

또 이르시되
내가 너희와 함께 있을 때에
너희에게 말한 바

곧

모세의 율법과 선지자의 글과
시편에
나를 가리켜 기록된 모든 것이
이루어져야 하리라
한 말이
이것이라
하시고

누가복음 24:44

또 이르시되 내가 너희와 함께 있을 때에
너희에게 말한 바 곧 모세의 율법과
선지자의 글과 시편에 나를 가리켜 기록된
모든 것이 이루어져야 하리라 한 말이
이것이라 하시고
(누가복음24:44)

이에 그들의
마음을 열어
성경을
깨닫게
하시고

누가복음 24:45

이에 그들의 마음을 열어
성경을 깨닫게 하시고
또 이르시되 이같이
그리스도가 고난을 받고
제삼일에 죽은 자
가운데서 살아날 것과
(누가복음24:45-46)

또 이르시되
이같이
그리스도가
고난을받고
제삼일에
죽은자 가운데서
살아날것과

누가복음
24:46

앞 페이지의 말씀을 묵상하며 느낀점을 자유롭게 적어보세요.

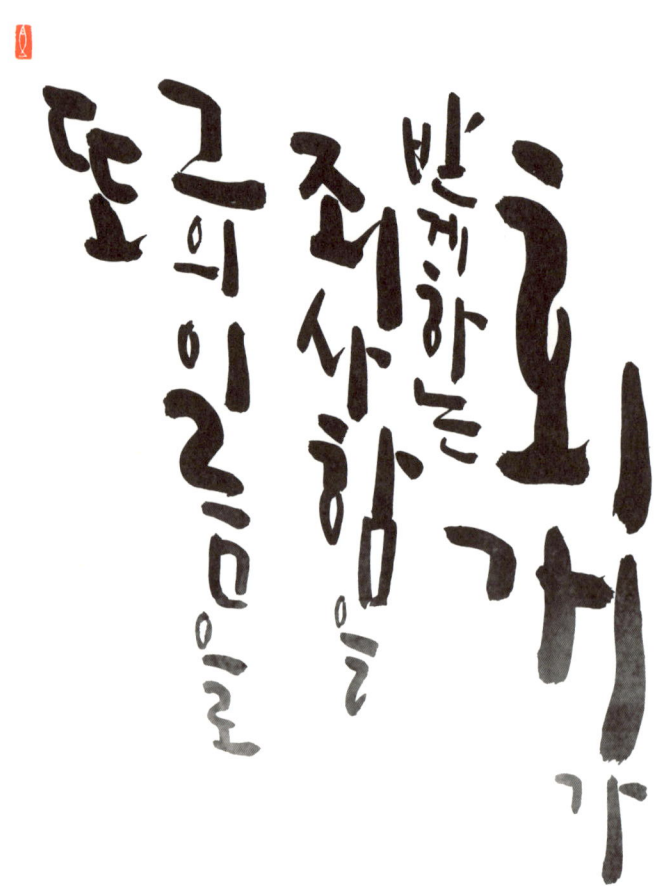

또 그의 이름으로 죄 사함을 받게 하는
회개가 예루살렘에서 시작하여
모든 족속에게 전파될 것이 기록되었으니
(누가복음24:47)

전파가 길로 되었으니
모든 족속에게
사랑하여
머무살렘에서

누가복음 24:47

앞 페이지의 말씀을 묵상하며 느낀점을 자유롭게 적어보세요.

너희는
이
모든 일의
증인이라

누가복음
24:48

너희는 이 모든 일의 증인이라

(누가복음24:48)

생명경

마태복음28장
요한복음20장

예수께서 나아와 말씀하여 이르시되 하늘과 땅의 모든 권세를 내게 주셨으니

마태복음 28:18

예수께서 나아와 말씀하여 이르시되

하늘과 땅의 모든 권세를 내게 주셨으니

(마태복음28:18)

그러므로 너희는 가서 모든 민족을 제자로 삼아

마태복음 28:19

그러므로 너희는 가서 모든 민족을 제자로 삼아

(마태복음28:19)

아버지와
아들과
성령의 이름으로
세례를
베풀고

마태복음 28:19

아버지와 아들과 성령의 이름으로 세례를 베풀고

(마태복음28:19)

마태복음 28:20

내가 너희에게 분부한 모든 것을
가르쳐 지키게 하라
(마태복음28:20)

볼지어다 내가 세상 끝날까지 너희와
항상 함께 있으리라 하시니라

(마태복음28:20)

내가
세상 끝날까지
너희와 항상
함께
있으리라
하신 주라

마태복음
28:20

앞 페이지의 말씀을 묵상하며 느낀점을 자유롭게 적어보세요.

요한

이것을 기록했은 너희로 예수께서 하나님의 아들 그리스도 이심을 믿게하려 함이요

요한복음 20:31

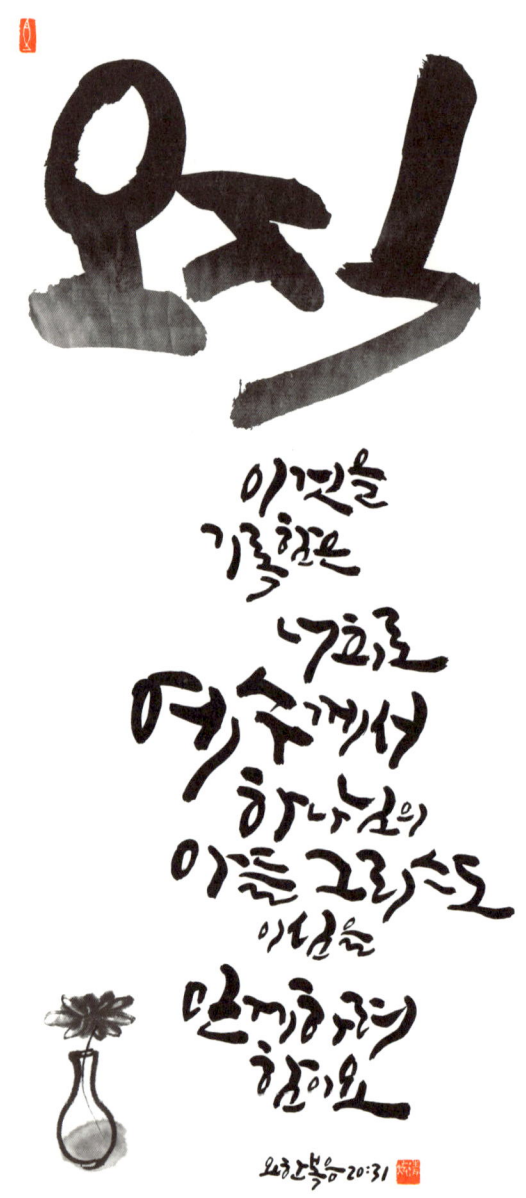

오직 이것을 기록함은 너희로 예수께서 하나님의
아들 그리스도이심을 믿게 하려 함이요

(요한복음20:31)

또 너희로 믿고 그 이름을 힘입어
생명을 얻게 하려 함이니라

(요한복음20:31)

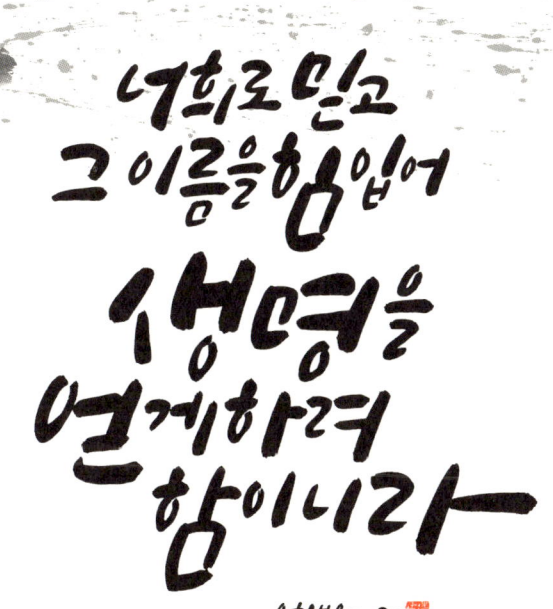

앞 페이지의 말씀을 묵상하며 느낀점을 자유롭게 적어보세요.

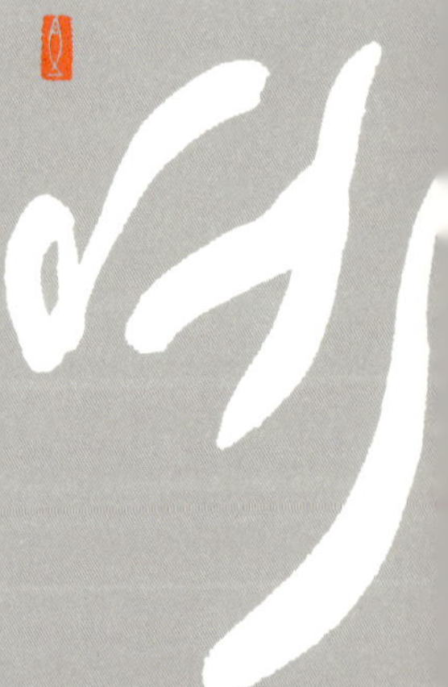

누리의 별

예수의 부활

2018년 01월 30일 초판 1쇄 발행

지은이 : 청현재이 임동규
펴낸이 : 임동규
펴낸곳 : 도서출판 섬김과나눔
등록번호 : 제25100-2012-000089호
주소 : 서울시 구로구 디지털로 33길 27, 307호 (구로동, 삼성IT밸리 307호)
전화 : 070-7118-6167
팩스 : 02-6280-6199
이메일 : help@sgnn.co.kr
홈페이지 : www.sgnn.co.kr

ISBN : 978-89-98532-05-5

· 이 도서의 국립중앙도서관 출판예정도서목록(CIP)은 서지정보유통지원시스템 홈페이지(http://seoji.nl.go.kr)와 국가자료공동목록시스템(http://www.nl.go.kr/kolisnet)에서 이용하실 수 있습니다.
CIP제어번호 : CIP2018002675

· 본 책에 실린 청현재이 작품의 무단전제와 무단복제 사용을 금합니다.
  불법도용 적발 시 책임을 물을 수 있음을 미리 알려드립니다.
· 파본은 교환해 드립니다.
· 도서의 가격은 표지 뒷면에 게재되어 있습니다.

Copyright ⓒ 청현재이 All rights reserved